I0770376